故宫里藏着的猜谜书

知书 主编

民主与建设出版社
·北京·

©民主与建设出版社,2022

图书在版编目(CIP)数据

故宫里藏着的猜谜书 / 知书主编. -- 北京:民主与建设出版社,2022.6
ISBN 978-7-5139-3853-2

Ⅰ.①故… Ⅱ.①知… Ⅲ.①智力游戏 Ⅳ.①G898.2

中国版本图书馆CIP数据核字(2022)第095109号

故宫里藏着的猜谜书
GUGONG LI CANGZHE DE CAIMISHU

主　　编	知书
责任编辑	吴优优　金弦
封面设计	尚上文化
出版发行	民主与建设出版社有限责任公司
电　　话	(010)59417747　59419778
社　　址	北京市海淀区西三环中路10号望海楼E座7层
邮　　编	100142
印　　刷	三河市骏杰印刷有限公司
版　　次	2022年6月第1版
印　　次	2022年9月第1次印刷
开　　本	880毫米×1230毫米　1/32
印　　张	8
字　　数	80千字
书　　号	ISBN 978-7-5139-3853-2
定　　价	49.80元

注:如有印、装质量问题,请与出版社联系。

前　言

你知道古代人闲暇时会玩什么游戏吗？

在强身健体方面，我国古代有蹴鞠、马球、武术等活动。而文人雅士喜欢安静一些的娱乐形式，比如围棋、象棋、猜谜等，不仅能增强思维能力，提高智力，而且富含哲理，有助于修身养性。

猜谜是一项有趣的智力游戏，深受古人欢迎。谜语结构纤巧、寓意奇妙、内容丰富、形式多样、变化多端。要正确猜对谜底，不仅需要具备广博的知识，有思维推理判断的好习惯，还要掌握一些基本的猜谜方法，这样才能做到迅速破谜，娱乐身心，启迪智慧。上至王公大臣，下至平民士子，都十分热衷推崇。

中华文化博大精深，早在西周时期，数学就已经成为贵族子弟学习的必修课程，并广泛应用于社会生活的方方面面，由此出现了许多有名的数学问题，如"鸡兔同笼""韩信点兵"等。古代数学题不仅考验计算能力，还十分考验古代文言文知识。

本书收集整理了众多古代皇家宫廷教师教授贵族公子的经典题目，以及文人士子聚会休闲时互相考验对方的趣味谜题，同时结合当下流行的猜谜形式,推出算术、推理、猜谜、脑筋急转弯、填字游戏五种游戏。打开这本书,去领会古人的聪明睿智与闲情逸致,一起感受思考与推算的乐趣。

  书中所配插图均来自视觉中国网站,版权归创作者所有,本书编者已获得授权,如有疑问,请与本书编者联系。

编者
2022年7月

目 录

猜谜游戏

	题目	答案
1. 书童借物	2	132
2. 猜诗谜	3	133
3. 猜十个字	4	134
4. 七言唐诗	5	135
5. 竹苞	6	136
6. 以谜猜谜	7	137
7. 出联破谜	8	138
8. 被子	9	139
9. 书童	10	140
10. 选徒	11	141
11. 唐伯虎赠画	12	142
12. 梁山伯问路	13	143
13. 妙对字谜	14	144
14. 隐字对联	15	145
15. 吕蒙正妙联	16	146
16. 求婚	17	147
17. 曾巩猜字谜	18	148
18. 才子解谜	19	149
19. 灯谜	20	150
20. 秀才借驴	21	151
21. 蒲松龄教徒	22	152
22. 老农智难唐伯虎	23	153
23. 县令拍马屁	24	154
24. 猜《红楼梦》中一人物	25	155
25. 打一节日用品	26	156
26. 打一生活用品	27	157
27. 猜一三国人物	28	158
28. 猜一古代少数民族	29	159
29. 猜一唐代人物	30	160
30. 猜一古代人物	31	161

古代推理

	题目	答案
1. 谁是凶手	34	162
2. 张升断案	35	163
3. 知府巧断案	36	164
4. 神探狄仁杰	37	165
5. 宋慈断案	38	166
6. 数字游戏题	39	167
7. 卖身契	40	168
8. 偷吃青菜的牛	41	169
9. 偷鸡贼	42	170
10. 李卫断地契	43	171
11. 老鼠屎	44	172
12. 伽蓝庙案	45	173
13. 床下的小偷	46	174
14. 农夫杀牛案	47	175
15. 太子的棺椁	48	176
16. 生死券	49	177
17. 赛马	50	178
18. 花魁	51	179
19. 三国迷	52	180
20. 佛印解谜	53	181

古代数学题

	题目	答案
1. 及时梨果	56	182
2. 两鼠穿墙	57	183
3. 运米	58	184
4. 日影长短	59	185
5. 七层塔	60	186
6. 行程	61	187

7. 青苗案	……	62	188
8. 蒲莞之争	……	63	189
9. 金鞭	……	64	190
10. 良马	……	65	191
11. 织女	……	66	192
12. 九堤	……	67	193
13. 出银不等	……	68	194
14. 和尚吃馒头	……	69	195
15. 洗碗	……	70	196
16. 数羊	……	71	197
17. 买鸡	……	72	198
18. 韩信点兵	……	73	199
19. 鸡兔同笼	……	74	200
20. 三阶幻方	……	75	201
21. 方环田	……	76	202
22. 持米出关	……	77	203
23. 持金出关	……	78	204
24. 买牛	……	79	205
25. 相遇问题	……	80	206
26. 分钱	……	81	207
27. 李白买酒	……	82	208
28. 哑人买肉	……	83	209
29. 面积	……	84	210
30. 遗产	……	85	211

填字游戏

		题目	答案
1	……	88	212
2	……	90	213
3	……	92	214
4	……	94	215
5	……	96	216
6	……	98	217

脑筋急转弯

	题目	答案
1	…………………………………	102	218
2	…………………………………	103	219
3	…………………………………	104	220
4	…………………………………	105	221
5	…………………………………	106	222
6	…………………………………	107	223
7	…………………………………	108	224
8	…………………………………	109	225
9	…………………………………	110	226
10	…………………………………	111	227
11	…………………………………	112	228
12	…………………………………	113	229
13	…………………………………	114	230
14	…………………………………	115	231
15	…………………………………	116	232
16	…………………………………	117	233
17	…………………………………	118	234
18	…………………………………	119	235
19	…………………………………	120	236
20	…………………………………	121	237
21	…………………………………	122	238
22	…………………………………	123	239
23	…………………………………	124	240
24	…………………………………	125	241
25	…………………………………	126	242
26	…………………………………	127	243
27	…………………………………	128	244
28	…………………………………	129	245
29	…………………………………	130	246

猜谜游戏

1. 书童借物

据说,苏东坡与一个和尚关系密切。一天,苏东坡让书童戴上草帽,穿上木屐,去和尚那里借一样东西。书童问是什么东西,苏东坡说:"和尚一见到你就知道了。"果然,和尚一见书童的打扮,立马就明白了。

请问,苏东坡要借什么东西?

答案在 132 页。

2. 猜诗谜

《红楼梦》第二十二回"听曲文宝玉悟禅机 制灯谜贾政悲谶语"中,有一则灯谜:阶下儿童仰面时,清明妆点最堪宜。游丝一断浑无力,莫向东风怨别离。

请问,谜底是什么物品?

答案在133页。

3. 猜十个字

下楼来,金钱卜落;问苍天,人在何方?

恨王孙,一直去了;罟冤家,言去难留。

悔当初,吾错失口,有上交无下交。皂白何须问?

分开不用刀,从今莫把仇人靠,千种相思一撇销。

猜十个字。

答案在134页。

4. 七言唐诗

传说某年深冬时节,苏东坡和袁公济观赏雪景。袁公济见白雪皑皑,对苏东坡说:"柳宗元有诗云:'雪径人踪灭'(柳诗原为'万径人踪灭'),我以此为谜面,请你猜半句七言唐诗。"苏东坡听了,暗自思忖,一时想不出谜底,尤其是"半句七言唐诗",究竟是三个字,还是四个字?苏东坡边走边想,突然有一群山雀冲天飞去,他顿然悟出真谛,回答道:"公济,我可以用一句诗来猜你的谜。你的算上半句,我的算下半句。'雀飞入云霄'。"袁公济一听,稍作思考后便笑了起来。

你知道他们说的是哪句唐诗吗?

答案在135页。

5. 竹苞

和珅新建了一座宅院，邀请纪晓岚为他题匾。纪晓岚参观宅院后，题写了"竹苞"二字。和珅以为是"竹苞松茂"之意，非常高兴，经常向别人炫耀。后来有人指点出"竹苞"的言外之意，和珅生气地砸碎了这块匾。

你知道是为什么吗？

答案在136页。

6. 以谜猜谜

某年元宵节,王吉普前来拜访好朋友王安石。吃饭的时候,王安石说:"今天是元宵节,我出一个谜语助助兴——画时圆,写时方,冬时短,夏时长。"王吉普想了想,并不说出谜底,而是说:"这样吧,我也出一个。"说着,吟出一谜:"东海有条鱼,无头亦无尾,去掉脊梁骨,便是你的谜!"以谜猜谜,好新鲜啊!王安石想了片刻,不禁笑了。原来,两个人所出谜面的谜底是同一个字。

你知道是哪个字吗?

答案在137页。

7. 出联破谜

某年元宵节,杭州西湖边举行元宵灯谜会。著名画家徐文长恰好路过杭州,他入乡随俗,也加入猜灯谜活动。他看到一群人围着一盏大红灯笼争论不休,便挤了进去,想看看是怎么回事。

灯笼上写着一则谜语:"白蛇过江,头顶一轮红日。"旁边还有一行小字:"打一日常用品,并用一谜对出下联。"

徐文长很快就想出了谜底,他马上对出下联:"乌龙上壁,身披万点金星。"

上联已经够难了,徐文长又添了下联,众人更加迷惑不解。

你知道这两个谜底分别是什么吗?

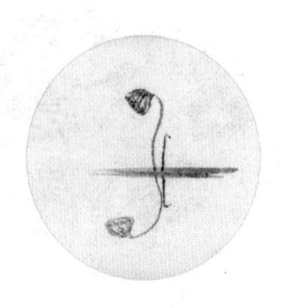

答案在 138 页。

8. 被子

古代有个秀才进京赶考,妻子托人给他送了一床棉被。后来,妻子收到秀才的回信,信上只有"由、甲、申"三个字,看到信后妻子马上重新做了一床被子托人送过去。

请问原来的被子有什么问题?

答案在139页。

9. 书童

　　王安石打算招个书童,可看了好几个都不满意。一天,管家带来一个十四五岁的男孩,这个男孩双目有神,透着一股机灵劲儿。王安石什么也没说,在纸上写了几行字:一月又一月,两月共一边,上有可耕之田,下有流水之川,一家六口,四口相聚,两口不团圆。管家沉思了一会儿,终于明白了主人的意思,其实谜底就是一个字。

　　你知道是什么字吗?

答案在140页。

10. 选徒

古代一位阴阳学大师选拔徒弟时,给候选者出了一个字谜:太阳在日出时、正午时和日落时。其中一个聪明的人立刻就想到了谜底,顺利成为这位大师的徒弟。

你知道是什么字吗?

答案在141页。

11. 唐伯虎赠画

这一天,唐伯虎的画廊里挂出一幅画:一个人牵着一只狗在湖边散步。

人们纷纷赞叹:"真是难得一见的好画啊!"

听到赞扬声,唐伯虎不由得暗暗得意,马上宣布:"这是一幅字谜画,谁要是猜出了答案,这幅画就白送给他。可要是猜错了,就得罚10两银子!"

大家一听,都皱起眉头思考起来。

忽然,一个年轻人跑过来,一下子趴在地上。

大家觉得很奇怪,唐伯虎却大笑着说:"你答对了。"并把画送给了年轻人。

请问,唐伯虎出的字谜谜底是什么?

答案在142页。

12. 梁山伯问路

有一天,梁山伯准备去祝家庄探望祝英台。走到了一个三岔路口,他不知道应该走哪条路了。

三岔路口有一块大石头,一个老伯正坐在那儿休息。梁山伯走上前去,恭恭敬敬地向老伯作揖,问:"老伯,请问祝家庄怎么走?"

老伯也不答话,而是绕到大石头后面,伸出头来,看着梁山伯直笑。

梁山伯觉得奇怪,但转念又想,这里面一定有文章。他仔细地琢磨,终于明白了。

于是他按照老伯指引的方向,向祝家庄走去。

你知道梁山伯走的是哪条路吗?

答案在143页。

13. 妙对字谜

据说苏东坡有一次到妹夫家做客。饭后,苏东坡和妹夫秦观在书房休息。苏东坡看见书桌上有一副字谜:"我有一物生得巧,半边鳞甲半边毛,半边离水难活命,半边入水命难保。"苏东坡看完以后,直说:"妙,妙,妙!"

苏东坡也写了一个字谜:"我有一物分两旁,一旁好吃一旁香,一旁眉山去吃草,一旁岷江把身藏。"秦观一看,也拍手称道:"真妙!真妙!"

苏小妹听后走进书房,问道:"什么东西如此之妙?"俯身看罢,也信口说道:"一物长得奇,半身生双翅,半身长四蹄,长蹄跑不快,长翅飞不好。"说完,苏东坡、秦观异口同声地说:"妙极,妙极!"

三个人说的是同一个谜底,你知道是什么吗?

答案在 144 页。

14. 隐字对联

　　某一个朝代的宰相曾经投降于敌国,臭名远播。他年迈的时候归隐田园,还恬不知耻地为自己建造了一座生祠。

　　一天早上,这座生祠的厅堂被人挂上了一块匾额,横批:三朝元老;上联:一二三四五六七;下联:孝悌忠信礼义廉。

　　你知道这副对联是什么意思吗?

答案在145页。

15. 吕蒙正妙联

吕蒙正出身贫寒,未做宰相时,他对当时严重的贫富不均现象愤愤不平。某年春节,一户穷苦人家请他代写春联,吕蒙正写道:

上联:二三四五;

下联:六七八九;

横批:南北。

春联贴出后引来了无数人围观。众人一开始觉得奇怪,不久后又称赞对联绝妙。

请问,这副对联"妙"在哪里?

答案在146页。

16. 求婚

明朝年间,河南有个才子名叫文必正,打算向霍荣之女霍金定求婚。在霍府客厅,文必正见厅堂内各种陈设考究精致,便对霍荣说:"大人的厅堂琳琅满目,古朴典雅。如能再添上一个字,必能收到烘云托月的效果。"霍荣忙问是何字,文必正不慌不忙卖了个关子:"初下江南不用刀,大朝江山没人保,中原危难无心座,思念君王把心操。"

请问,谜底是哪个字?

答案在147页。

17. 曾巩猜字谜

一日，老师带着曾巩去春游。师徒二人沿着蜿蜒曲折的桃花溪，漫步在连绵起伏的桃花山。老师游兴正浓，于是捋须吟道："头上草帽戴，帽下有人在。短刀握在手，但却人人爱。"

话音刚落，聪明的曾巩便说出一个字。老师听了，笑着点了点头。

请问，老师指的是什么字？

答案在148页。

18. 才子解谜

有一次，祝枝山、唐伯虎、文徵明在一起喝酒，席间，祝枝山提议："我出一个谜，哪位猜不出，就由他请客。"接着他说出一个字谜："古代有，现代无；商周有，秦汉无；唐朝有，宋朝无。"祝枝山话音刚落，唐伯虎马上接口说："我把你的谜底也编成了一个字谜：善人有，恶人无；智者有，愚者无；听者有，看者无。"文徵明不甘落后，也编了一个字谜："右边有，左边无；后面有，前边无；中间有，外边无。"酒店老板听三人说得热闹，也来凑趣："高个有，矮个无；嘴上有，手上无；跳着有，走着无。"三个人听了，一齐大笑起来。

你知道谜底是什么吗？

答案在149页。

19. 灯谜

古时候某地有个势利眼财主。

元宵佳节,各家各户都挂出写有灯谜的花灯。有一个王老汉,平素看不惯这个财主的为人,便在自家花灯上写上一则灯谜:"头尖身细白如银,论秤没有半毫分,眼睛生在屁股上,只认罗衣不认人。"财主观灯路过,正好看见,知道灯谜另有所指,大骂王老汉乱出灯谜。王老汉笑着说:"这是一则物谜。"说罢,王老汉揭晓了谜底。旁观者听了谜底,都拍手叫好,财主只好尴尬地走开了。

你知道这是什么物件吗?

答案在150页。

20. 秀才借驴

从前有个落第秀才,生活清贫。一日,一位少时同窗结婚,托人捎来四句诗:"自西走到东连停,娥眉月上挂三星,三人同骑无角牛,口上三划一点青。"秀才见谜底是"一心奉请"四字,忙说:"盛情难却,非去不可。"于是他到邻居家去借驴。

邻居见秀才来借驴,取过笔墨,在纸上写道:"正月初二,初三,初四,初五……三十。"写毕搁笔,把纸交给秀才。

秀才一愣,接过纸条一看,拱手称谢,说:"多蒙相助,明早我就来。"说完高高兴兴地回家了。

你知道这是怎么回事吗?

答案在151页。

21. 蒲松龄教徒

一位财主望子成龙,聘请蒲松龄教他的儿子。但不到三个月,蒲松龄就拱手告辞说:"令郎学有所成,老夫也要另谋去处了。"财主十分高兴,连忙设宴饯行。

酒过三巡,财主笑问:"犬子的文章做得如何?"蒲松龄回答:"高山响鼓,声闻百里。"财主大悦,又问:"犬子在易、礼、诗方面,想必通了吧?"蒲松龄诙谐一笑,回答:"八窍已通七窍。"说罢挑起书箱走了。

蒲松龄前脚刚走,财主后脚就赶到衙门,将这则喜讯告诉当师爷的弟弟,要为儿子报名参加科举考试,先捞个"秀才"当当。

那师爷听罢哭笑不得,说:"大哥,你让那教书匠戏弄了。"接着便解释了一番。

听完弟弟的解释,财主气得直骂儿子"蠢猪"。

你知道蒲松龄的话是什么意思吗?

答案在152页。

22. 老农智难唐伯虎

一天,唐伯虎闲来无事,到郊外散步。他刚踏上田埂,便看到一位老农挑着一担泥迎面走来。田埂不宽,两边都是水田,唐伯虎想给老农让路,又很为难。两人僵持不下时,老农开口说道:"我出一个对子,你来答,答对了,我让路;答不上,你让路。"唐伯虎笑着点了点头。老农开口说道:"一担重泥拦子路。"唐伯虎一听,愣了半天,一时答不上来,只得脱鞋下水,为老农让路。

你能猜出老农的对子是什么意思吗?

答案在153页。

23. 县令拍马屁

有个县令大年初一上街看春联,见一户人家门上贴着一副春联,上联:数一道二门户;下联:惊天动地人家;横额:先斩后奏。

县官心想:"春联如此有气魄,家中肯定有人在京城做大官。"于是他赶紧备了一份厚礼,叩门拜访。

县官问主人:"贵府哪位大人在京都奉职?"主人一听,莫名其妙,自称兄弟三人皆是穷苦小民。

县官一愣,忙问:"那门口贴的春联?"主人答道:"啊,原来如此。"他接着解释说:"要说那副对联,倒是一点儿也不假。"于是将兄弟三人的职业陈述了一番。

县官听后,方知自己拍错了马屁,只好丢下礼物,悻悻而去。

你知道这兄弟三人分别从事什么职业吗?

答案在 154 页。

24. 猜《红楼梦》中一人物

未到巫山已有情，
空留文字想虚名。
可怜一夜潇湘雨，
洒上芙蓉便是卿。

答案在 155 页。

25. 打一节日用品

能使妖魔胆尽摧，
身如束帛气如雷。
一声震得人方恐，
回首相看已化灰。

答案在156页。

26. 打一生活用品

偶因一语蒙抬举,
反被多情又别离。
送得郎君归去也,
倚门独自泪淋漓。

答案在157页。

27. 猜一三国人物

美中不足,月影残缺。

答案在 158 页。

28. 猜一古代少数民族

厉害的仆人。

答案在159页。

29. 猜一唐代人物

枪杆子里面出政权。

答案在160页。

30. 猜一古代人物

获利不忘创业苦。

答案在161页。

古代
推理

1. 谁是凶手

王老板雇了船夫，约好第二天早上去省城进货。第二天一大早，王老板收拾好银两，叮嘱夫人几句话后就出了门。半个时辰之后，王夫人突然听见屋外有人在重重地拍门，还大喊着："王夫人，王夫人，快开门！"王夫人急忙打开门，只见拍门的是船夫，便问什么事这么着急。船夫说："天不早了，王老板咋还没有上船？"

王夫人一听，吓坏了，急忙跟着船夫来到河边。河边只有小船，并没有王老板的踪迹。于是，王夫人哭着跑去县衙，把事情的经过告诉了县官。县官听完，立即命衙役抓住了一个人。

请问，被抓住的是什么人？

答案在162页。

2. 张升断案

东汉时期,张升管辖的地区发生了一桩命案:一个女人的丈夫外出好几天都没有回家,一天邻居告诉她,隔壁井里浮着一具男尸。女人显得很吃惊,慌忙跑过去,往井里只望了一眼,就大哭起来:"这正是我的丈夫呀!"于是邻居们便报了官。

张升把邻居们叫到井边,让他们辨认井中男尸是不是女人的丈夫。邻居们都说光线太暗,根本分辨不出来。于是,张升派人拘拿了这个女人,严加审问。原来,女人伙同他人杀害了丈夫,并且抛尸井中。

请问,张升是怎么识破案情的?

答案在163页。

3. 知府巧断案

某知府刚到任,有一次出门,看见路边围着一群人,于是他走过去,打算看看是怎么回事。

原来是一个富家少爷丢了一个钱袋,被一个穿着朴素的年轻小伙捡到了。见知府大人来了,富家少爷抢先说:"我的钱袋里有二十两银子,现在只剩下了十两,肯定是被这个穷鬼拿走了。"年轻小伙"扑通"一声跪在知府面前,说:"我虽家贫,但母亲教导我不贪不义之财,我一直谨记于心。捡到钱袋后,我一直都没有打开过,可这位少爷硬说我拿走了他的银子。"知府见状,转头问富家少爷:"你确定你的钱袋里原有二十两银子?"富家少爷很肯定地回答:"我确定,一定是他偷了。"

这时,知府大概也知道是怎么一回事了,于是对富家少爷说了一句话。富家少爷听完,哑口无言,讪讪地离开了,围观的人见了无不拍手称好。

请问,知府对富家少爷说了什么?

答案在 164 页。

4. 神探狄仁杰

一位富翁前来拜访狄仁杰,两人从午时末一直聊到酉时初,中间富翁回了一趟家,取来一件古董,请狄公鉴赏。

忽然,富翁家的家丁急急忙忙跑过来报告:"老爷,太太在屋里自尽了!"

富翁一惊,说道:"没想到我才离开一个时辰,她就上吊了?"

狄公跟随富翁回到富翁家,看见夫人房间香炉里的香残留了一点,女仆说,这香是她卯时点燃的,内里四圈可烧到未时末,没烧尽应该是被夫人踢翻在地。

狄仁杰判断这是一桩谋杀案。富翁听了,对狄公说:"夫人未出嫁时与泼皮张志远有过纠葛,肯定是张志远杀害了夫人。"

狄仁杰仔细思考了一番,派人抓住了一个人。

请问,狄仁杰抓的是谁?

[注] 午时指上午11时至下午1时,酉时指下午5时至下午7时,卯时指上午5时至7时,未时指下午1时至3时。

答案在165页。

5. 宋慈断案

有一年,宋朝法医宋慈任福建某地通判。一夜三更时分,城外一座房子突然起火。宋慈带领衙役立刻赶赴现场。只见大火已被扑灭,一群人从里面抬出了一具烧焦的尸体。

宋慈问:"死者是谁?是怎么起火的?"

一位老人回答道:"死者是一个泥匠,半个月前,他的妻儿都饿死了。可能是不慎失火,也可能是泥匠自寻短见吧!"

宋慈检查完尸体,发现死者的口、鼻子、咽喉部位没有一点烟尘,便问抬尸的人:"你们发现他的时候,他的脚朝向哪边?"

乡民答道:"尸体就倒在门边,头朝里,脚朝外。"

宋慈立刻判断这是一宗谋害案,并把自己的推理告诉了乡民:"泥匠不是失火被烧死,也不是自寻短见,而是被人谋害的。起火原因,一定是凶犯为了毁灭证据。"

后来,官府侦破了案件,果然和宋慈的推断一致。

请问,宋慈为什么判定泥匠是被人谋害的?

答案在 166 页。

6. 数字游戏题

从前,一个私塾先生教了四个聪明的学生。一天,先生有事要出门,又不想学生荒废时间,便给他们各自留下了一道算术题。题目其实也很简单,先生给了每个人一组连续的数字,要求他们用这连续的六个数字组成一个两位数乘以一位数得到三位数的算式,每个数字只能使用一次。为了防止作弊,先生给四个学生每人一组数字:

甲:1,2,3,4,5,6

乙:2,3,4,5,6,7

丙:3,4,5,6,7,8

丁:4,5,6,7,8,9

先生交代,在规定时间内完不成的要受罚,然后就出门去了。等到先生回来,有三个学生争先恐后要交卷,唯独有一人急得团团转,因为他怎么也完成不了这个算式。

请问,完不成算式的学生是谁?

答案在167页。

7. 卖身契

乾隆年间,广西苍梧县有个叫余阿吕的向官府告状,说:"四十八岁的米店老板邱以诚曾经在康熙五十九年卖身给我的父亲,并且还写下了卖身契。父亲死后,家道衰落,雇不起仆人,于是便让邱以诚外出谋生。如今邱以诚富贵了,我就想让他出钱赎身,没想到他不仅不愿出钱,还打了我一顿,请老爷为我做主。"

县官叫来邱以诚问询。邱以诚说:"我开了米店后,余阿吕屡次赊米不给钱,有账簿可查。这次问他要米钱,彼此言语不和便打了起来,并没有卖身为仆之事。"

余阿吕交上卖身契,只见卖身契上楷书端正,于是县官让邱以诚照抄一份。笔迹虽然相似,但县官发现"邱"字的写法不对,而且年岁也对不上。县官据此严审余阿吕,原来是余阿吕伪造了卖身契,两人互殴确是为米钱起争执。

请问,县官是怎么断定卖身契是伪造的?

答案在 168 页。

8. 偷吃青菜的牛

农民甲和乙拉扯着走进县衙,向县官告状。原来甲的青菜地被牛吃得乱七八糟,地上还有黄牛和水牛的脚印。甲说:"我家的黄牛从不吃青菜,青菜肯定是被水牛吃的。"乙反驳道:"我家的水牛也从来不吃青菜,甲却打伤了我家的水牛。"

听完两个人的述说,县官决定去甲的青菜地看看。

到了青菜地,县官让甲、乙二人分别将自家的牛牵过来。县官让一个衙役拔了一棵青菜,先递到黄牛嘴边,黄牛闻了闻,并没有吃。衙役又把青菜递到水牛嘴边,水牛闻了闻,也没有吃,摇摇头就走开了。

县官疑惑了,两头牛都不吃青菜,这可如何是好?于是,县官在青菜地周围又检查了一番,发现边上有个粪坑。县官凝神思考了一阵,突然笑了,对甲、乙二人说:"我已经破案了,不过要明天才能揭晓答案。"

回到县衙后,县令立即派一个身强力壮的衙役当晚再去青菜地一趟,果然抓住了偷吃青菜的牛。

请问,被捉住的是哪头牛?

答案在169页。

9. 偷鸡贼

古时候，某地县官收到了一张诉状，有人控诉邻居中有人偷了他家的鸡。县官派衙役叫来此人的左邻右舍。邻居们来到县衙大堂，个个屏气凝神，都低着头跪在案桌前，谁都不承认自己偷了鸡。县官问了几个无关痛痒的问题后，对邻居们说："你们先回去吧，过几天再审。"正当众人站起来要离开时，县官突然大喝一声，偷鸡贼立马就露馅了。

请问，县官说了什么话？

A. 好大的胆子。

B. 贼也敢站起来走啊？

C. 给我回来，跪下！

答案在170页。

10. 李卫断地契

雍正六年,浙江有两个达官显贵为了争夺一块肥沃的土地,闹到了浙江总督李卫那里。李卫询问两人有什么证据证明那块地归自己所有。一个人得意地说:"我手里有康熙爷时期的地契,地契上明确地说了这块地属于我。"说完,他将地契交给李卫,只见上面写着:"兹证明该地为李××所有,旁人不可剥夺……"落款是"清圣祖五十三年九月八日"。地契上盖有官印,还有画押,也有满文和汉文。李卫看后冷笑一声,就命人抓了一个人。

请问,是谁被抓了?

A. 没地契的人

B. 有地契的人

C. 抓阄输了的人

D. 不知道

答案在 171 页。

11. 老鼠屎

三国时期某一天,东吴皇帝孙亮想吃蜂蜜,老太监从厨房取来之后,发现蜂蜜里面竟然有一粒老鼠屎。孙亮勃然大怒,马上让人抓来厨房的库管。库管连声喊冤,说:"老太监与我有仇,肯定是他陷害我。"孙亮命人碾碎老鼠屎,发现外湿里干,就知道发生了什么事情。然后,孙亮惩罚了一个人。

那么,老鼠屎是谁放进去的呢?

A. 老太监

B. 谁也没放

C. 孙亮

D. 库管

答案在172页。

12. 伽蓝庙案

一个下雨的夜晚,伽蓝庙里唯一的和尚被人杀害了。

知县包拯亲自到案发现场查勘,发现地上有血迹,并捡到一个墨斗,还在庙堂中菩萨的背部看到一个血手印。奇怪的是,血手印上竟然有六根指头。

回到府衙之后,包拯下令召来全城所有的木匠,让他们每人画一个花盆架子的图样,选中者有赏。

木匠们纷纷动手画起来,包拯就站在一旁看着他们画。没过一会儿,包拯突然指着一个木匠,喝令衙役将他拿下。

经审问,这个木匠名叫吴良,他供认夜宿伽蓝庙时,偶然得知和尚在菩萨脑后的洞里藏有一笔银子,便乘夜去偷,不想被和尚发现,因而杀死了和尚。

那么,你知道包拯是根据什么破案的吗?

答案在173页。

13. 床下的小偷

明代有个富商给儿子办喜事,新房里三天三夜不熄灯烛。第三天,一个人从新房的床底下爬出来,刚逃到院子里就被家丁发现了。

这个人很快就被送到了县衙。公堂上,这人说自己是郎中,是新娘央求他跟到婆家去以便随时治疗的。今天发现新娘的病情有了变化,带来的药不够用了,就想出去买些新药。县官当然不信,于是询问他关于新娘家中的情况,此人对答如流,竟丝毫不差。县官又派人去问新娘,但得知根本没有这回事。

第二天,两个轿夫抬着一顶花轿上了公堂,花轿里坐着一个新娘。县官叫来郎中,让他和新娘对证。只见这个人走到花轿边,朝里边瞅了一眼,气愤地说道:"你再三要求我跟随你治病,为什么翻脸不认人?"县官哈哈大笑,一声大喝:"把这撒谎的贼抓起来!"

请问,县官是怎样识破小偷真面目的?

答案在 174 页。

14. 农夫杀牛案

一个农夫向知府大人告状,称家里唯一的耕牛被人割掉了舌头。知府大人让农夫回去把牛杀了,然后公开叫卖牛肉。耕牛是当时非常重要的生产资料,私宰耕牛是要受到严厉处罚的,弄不好还要坐牢。农夫虽然不知道知府大人的用意,但还是照做了。

你知道知府大人为什么让农夫杀牛吗?

答案在175页。

15. 太子的棺椁

一天，刘都督接到密报，他的部下王将军参与谋反，将兵器甲胄都藏在了太子的棺椁之中。打开太子棺椁可是诛九族的大罪，刘都督不敢擅作主张。可是如果不加以验证，一旦消息属实，叛军里应外合，就会攻占城池。

万般无奈之下，刘都督找到狄仁杰。狄公也犯了愁。太子的棺椁是皇家特制，由三层包裹，太子妃的棺椁也是这样。

请问，有没有在不打开棺椁的情况下验明是否有兵器甲胄藏入的办法？

答案在 176 页。

16. 生死券

有一个皇帝昏庸无道，常常拿犯人恶作剧。

一天，他心血来潮下了一道圣旨：凡判充军十年以上的犯人，可当着他的面摸生死券，摸到"生"字者立刻释放，摸到"死"字者当即处斩。众犯人听到这个消息，无不害怕。

当朝宰相为拔掉眼中钉肉中刺，诬告一位大臣有谋反之心。皇帝听信谗言，立即将那位大臣拘禁，并令其次日抽生死券。晚上，那刁奸宰相买通掌管纸券箱的小吏，在两张纸券上都写上"死"字。幸好这阴谋被一位忠良之臣得知，他以探监为名，通知了那位受冤的大臣。

第二天，这位受冤的大臣把手伸进纸箱，结果竟然免于一死。

请问，这位大臣是怎样免于一死的？

答案在177页。

17. 赛马

很久以前,有父子四人,每人都有一匹骏马。为了给自己的马找到下一任主人,老人写下遗嘱,让三个儿子骑着各自的马比赛,谁的马跑得最慢,就把马送给他。比赛的时候,为了比慢,三个儿子谁也不肯撒缰,三匹马从早到晚呆立不动。眼见就要天黑了,这时从远方走来一位智者,见到这个情况,觉得很好奇。问明情况后,智者帮三个儿子出了一个好主意。三个儿子按照智者说的去做,最后有一匹马跑得最慢,于是它的主人得到了父亲的那匹马。

请问,智者出的是什么主意?

答案在178页。

18. 花魁

明代才子祝枝山家建有一个花园,种着很多牡丹。春天到来,牡丹怒放,五彩缤纷。有一天,祝枝山邀请唐伯虎等好友前来赏花,并商议选出牡丹中的花魁。一时间,众说纷纭,有说红色的,有说紫色的,也有说黄色的。只有唐伯虎笑而不言。唐伯虎是评花高手,大家便让他发表意见。唐伯虎微笑着说道:"百无一是。"大家听了很惊讶,认为唐伯虎太过狂妄、目中无人。只有祝枝山听后恍然大悟:"高见!高见!花中自无一是。"

唐伯虎与祝枝山说的是同一个谜,你知道谜底是什么吗?

答案在179页。

19. 三国迷

从前,有一位县官超级喜欢研究《三国演义》。他有一个女儿,正值婚嫁年龄,县官便出了三道题招女婿。题目分别是《三国演义》中有名无姓的是谁?有姓无名的是谁?无名无姓的又是谁?只可惜很久都没有人答对,县官很是苦恼。

请问,你知道这三个问题的答案吗?

答案在180页。

20. 佛印解谜

有一天,苏东坡游览一处风景名胜,游兴正浓时在墙壁上写上"亞二"。其他游客不知道写的是什么意思,纷纷请教苏东坡。苏东坡并不解释,而是向众游客微微一笑,然后便匆匆离去了。

第二天,佛印也到此处游览,大家知道佛印与苏东坡是好朋友,便向他请教苏东坡写的是什么意思。佛印略微思考了一会儿就知道了谜底,于是对众游客说道:"想必是东坡兄知道我今天来此地游览,故意布下这道谜语让我猜。"

你能猜出这两个字是什么意思吗?

答案在 181 页。

古代数学题

1. 及时梨果

九百九十九文钱,及时梨果买一千,一十一文梨九个,七枚果子四文钱。

问:梨果多少价几何?

(选自《四元玉鉴》)

答案在 182 页。

2. 两鼠穿墙

今有垣厚五尺,两鼠对穿,大鼠日一尺,小鼠亦日一尺。大鼠日自倍,小鼠日自半。问何日相逢?各穿几何?

(选自《九章算术》)

答案在183页。

3. 运米

有人从甲地往乙地运米,装满米的重车日行二十五千米,空车日行三十五千米,五日之内可往返三次。问两地相距多少千米?

(改编自《九章算术》)

答案在184页。

4. 日影长短

从冬至日起,依次小寒、大寒、立春、雨水、惊蛰、春分、清明、谷雨、立夏、小满、芒种,其日影长依次成等差数列,冬至、立春、春分日影长之和为三丈一尺五寸,前九个节气日影长之和为八丈五尺五寸,问芒种日影多长?

(改编自《周髀算经》)

[注] 一丈等于十尺,一尺等于十寸。

答案在 185 页。

5. 七层塔

远望巍巍塔七层,红光点点倍加增。共灯三百八十一,请问各层几盏灯?

(选自《算法统宗》)

答案在 186 页。

6. 行程

三百七十八里关,初行健步不为难,次日脚痛减一半,六朝才得到其关。要见每朝行里数,请公仔细算相还。

(选自《算法统宗》)

答案在187页。

7. 青苗案

放牧人粗心大意,三畜偷偷吃苗青;苗主扣住牛马羊,要求赔偿五斗粮,三畜户主愿赔偿,牛马羊吃得异样,羊吃了马的一半,马吃了牛的一半,请问各畜赔多少。

(改编自《算法统宗》)

[注]一斗等于十升。

答案在188页。

8. 蒲莞之争

蒲第一天长三尺,以后逐日减半;莞第一天长一尺,以后逐日倍增,问多少天后蒲、莞长度相等?

(改编自《九章算术》)

答案在189页。

9. 金鞭

今有金箠（鞭子），长五尺，斩本一尺,重四斤,斩末一尺,重二斤。问次一尺各重几何？

(选自《九章算术》)

答案在190页。

10. 良马

良马初日行一百九十三里,日增十三里,求其十五日所行里数。

(选自《九章算术》)

答案在191页。

11. 织女

今有女善织,日益功疾。初日织五尺,今一月织九匹三丈。问日益几何?

(选自《张丘建算经》)

[注] 一匹等于四丈,一丈等于十尺,一个月按三十天算。

答案在192页。

12. 九堤

今有出门望九堤,堤有九木,木有九枝,枝有九巢,巢有九禽,禽有九雏,雏有九毛,毛有九色。问各几何?

(选自《孙子算经》)

答案在193页。

13. 出银不等

今有户出银一斤八两一十二铢,今以家有贫富不等,令户别作差品,通融出之。最下户出银八两,以次户差各多三两,问户几何?

(选自《张丘建算经》)

[注]古代一斤等于十六两,一两等于二十四铢。

答案在 194 页。

14. 和尚吃馒头

大和尚每人吃三个馒头,小和尚三人吃一个馒头。有大小和尚一百人,共吃了一百个馒头。问大、小和尚各几人?

(改编自《九章算术》)

答案在 195 页。

15. 洗碗

一位妇女在河边洗碗,邻居问她家来了多少客人?妇女回答说:"客人每人用一只饭碗,每俩人合用一只菜碗,每仨人合用一只汤碗,共用六十六只碗。"问究竟来了多少客人?

(改编自《孙子算经》)

答案在 196 页。

16. 数羊

甲牵着一只肥羊问牧羊人:"你这群羊有一百只吧?"牧羊人回答:"如果这群羊增加一倍,再加上原来这群羊的一半,又加上原来这群羊的四分之一,连你牵着的这只羊也算进去,刚好凑满一百只。"问牧羊人有多少只羊?

(改编自《算法统宗》)

答案在 197 页。

17. 买鸡

今有鸡翁一,值钱伍;鸡母一,值钱三;鸡雏三,值钱一。凡百钱买鸡百只,问鸡翁、母、雏各几何?(三种鸡都要买)

(选自《张丘建算经》)

答案在 198 页。

18. 韩信点兵

传说汉朝大将韩信擅用一种特殊方法清点士兵的人数。他的方法是：让士兵先列成三列纵队（每行三人），再列成五列纵队（每行五人），最后列成七列纵队（每行七人）。根据这三次列队排在最后一行的士兵是几个人，他可以推算出这队士兵的准确人数。如果韩信当时看到的三次列队，最后一行的士兵人数分别是二人、二人、四人，并知道这队士兵约三四百人，你能很快推算出这队士兵的人数吗？

答案在 199 页。

19. 鸡兔同笼

今有雉兔同笼,上有三十五头,下有九十四足,问雉兔各几何?

(选自《孙子算经》)

答案在 200 页。

20. 三阶幻方

把数字一至九填入九宫格里,使横、竖和对角线上三个数的和都等于十五。

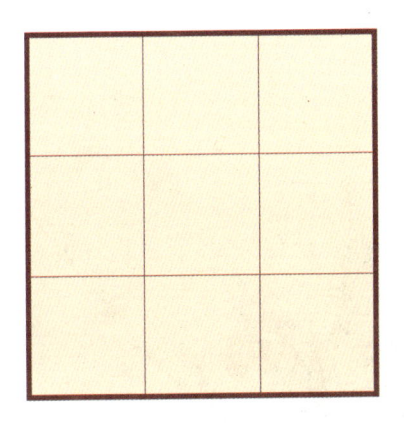

答案在 201 页。

21. 方环田

问方环田外周五十六步,内周二十四步,得田几何?

(选自《翠微山房算学》)

答案在202页。

22. 持米出关

今有人持米出三关,外关三而取一,中关五而取一,内关七而取一,余米五斗。问本持米几何?

(选自《九章算术》)

答案在203页。

23. 持金出关

今有人持金十二斤出关。关税之,十分而取一。今关取金二斤,偿钱五千。问金一斤值钱几何?

(选自《九章算术》)

答案在 204 页。

24. 买牛

今有共买牛,七家共出一百九十,不足三百三十;九家共出二百七十,盈三十。问家数、牛价各几何?

(选自《九章算术》)

答案在205页。

25. 相遇问题

今有甲发长安，五日至齐；乙发齐，七日至长安。今乙发已先二日，甲乃发长安，问几何日相逢？

(选自《九章算术》)

答案在 206 页。

26. 分钱

今有甲、乙、丙三人共同分钱七十一贯九百文,只云乙如甲的五分之三,却多如丙钱一贯八百文。问各得几何?

(选自《算学启蒙》)

[注] 一贯等于一千文。

答案在 207 页。

27. 李白买酒

李白街上走,提壶去买酒。
遇店加一倍,见花饮一斗。
三遇店和花,喝光壶中酒。
请君猜一猜,壶中原有多少酒?

答案在 208 页。

28. 哑人买肉

哑人来买肉,难言钱数目,一斤少四十(文),九两多十六(文)。试问能算者,合与多少肉?

(选自《算法统宗》)

答案在209页。

29. 面积

直田积八百六十四步,只云长阔共六十步,问阔及长各几何?

(选自《田亩比类乘除捷法》)

答案在210页。

30. 遗产

有个老农临终前给三个儿子留了十七头牛,他在遗嘱里写明:大儿子分二分之一,二儿子分三分之一,小儿子分九分之一。请问三兄弟该如何分配?

答案在211页。

填字游戏

1

注：中文数字编码为横向谜面，阿拉伯数字编码为竖向谜面。

一、由不得自己，控制不了自己。

二、珍贵的药用植物，"东北三宝"之一，被誉为"百草之王"。

三、形容非常留恋，舍不得离开。

四、古代对皇太子、公主的敬称。

五、扶风茂陵人，后投靠刘备，成为"五虎上将"之一。

六、与《左传》《公羊传》同为解说《春秋》的儒家经典。

七、和红拂、李靖二人合称为"风尘三侠"。

八、"窗含西岭千秋雪"的下一句。

九、古代对皇帝的敬称。

十、《红楼梦》第十八回，元妃回贾府是做什么？

1. 与尚书省、中书省合称"三省"，称呼源自西晋。

2. 宋江等好汉举起"替天行道"大旗的地方。

3. 传出的名声与实际相符合，不是虚假的。

4. 梁山起义军军师，排名第三，绰号"智多星"。

5.春秋战国时期的一里之长,唐代称"里正"。

6.《琵琶记》中"举酒欲饮无管弦"的上一句。

答案在212页。

2

一、去掉外在的装饰,恢复原来的质朴状态。

二、常与"风韵犹存"连用。

三、比喻流言蜚语不是完全没有根据的。

四、《满庭芳·和王冲之西城郊行》中的第一句。

五、"千里江陵一日还"的上一句。

六、比喻互相依存,关系密切。

七、李逵的绰号。

八、"无边落木萧萧下"的下一句。

1. 不接受指责,反过来责问或讥讽对方。

2. 东晋陶渊明的一篇散文,代表了山水田园诗派的最高成就。

3. 《登鹳雀楼》的第一句。

4. 中国上古时期姜姓部落的首领,号神农氏。

5. 又名粤江,按流量为中国第二大河流,境内第三长河流。

6. 杜甫《春夜喜雨》的第五句。

7. 周密的筹划,深远的打算,形容人办事精明老练。

8. 苏东坡《前赤壁赋》中"水波不兴"的上一句。

答案在213页。

3

一、"下笔如有神"的上一句。

二、另有不可告人的企图。

三、《红楼梦》的别称。

四、中国古代中医学经典著作之一,作者孙思邈。

五、杜甫《春望》的第四句。

六、我国封建时代辅助君主掌管国政的最高官员,后被明太祖废除。

七、在空中飞翔的神仙;佛教石刻壁画中常有的造像。

八、"宝剑锋从磨砺出"的下一句。

1. 柳宗元《江雪》的第一句。

2. 南宋著名诗人陆游写的对联中的一句,下联是"事非经过不知难"。

3. 鸟叫得好听,花开得喷香,形容春天的美好景象。

4. 原形容箜篌(古乐器)的声音忽而高亢忽而低沉,意境奇特得出人意料,难以描述。现比喻诗文、议论不同凡响或事件发展出奇而惊人。

5. 金庸创作的一部长篇武侠小说,故事主人公是韦小宝。

6. 即使两国人民相处得很近,交往密切到连鸡狗的叫声都混在一起,却从来不发生联系。

答案在214页。

4

一、因为得到宠爱或赏识,又高兴又不安。

二、一种有9个格子的游戏,能提高跳跃、奔跑和保持身体平衡的能力。

三、一首中国古琴名曲,据传为蔡文姬创作,反映的主题是"文姬归汉"。

四、把小事当大事来办,有不恰当或不值得的意思。

五、比喻有意颠倒黑白,混淆是非。

六、以"莫须有"的罪名被杀害的爱国将领。

七、相传项羽自刎的地方。

八、"溪云初起日沉阁"的下一句。

1. 比喻猖狂捣乱而成不了大气候的坏人。

2. 《沁园春·长沙》中"激扬文字"的上一句。

3. 儒家学派的创始人。

4. 肆无忌惮地干坏事。

5. 因大意丧失街亭而负荆请罪的蜀国将领。

6. 中国乃至世界现存规模最大、帝后陵寝最多的皇陵建筑群。

7. 苏轼《念奴娇·赤壁怀古》中"乱石穿空"的下一句。

8. "江南三大名楼"之一,位于湖南省。

答案在215页。

5

一、中国的本土宗教,形成于东汉。

二、三大战役中由东北野战军发起的战役。

三、《望庐山瀑布》中"疑是银河落九天"的上一句。

四、古代边防军事沟通信息的重要手段,燃起就表示国家出现了战事。

五、形容事物错综复杂,不容易看清真相。

六、做买卖时货物短缺分量。

七、陶渊明《归园田居》中"久在樊笼里"的下一句。

1. 比喻自找死路,自取灭亡。

2. 儒、道、释;儒家、阴阳家、道家、法家、农家、名家、墨家、纵横家、杂家。

3. 比喻犯了错误能改正。

4. 明朝时期的富商,据说他拥有聚宝盆。

5. 古时候国家无偿征调各阶层人民所从事的劳务活动。

6. "寸有所长"的上一句。

7. 唐德宗建中元年(780年)由宰相杨炎建议推行的新税法。

答案在216页。

6

一、《孔雀东南飞》中"磐石无转移"的上一句。

二、陆游《游山西村》的第三句。

三、传说中牛郎和织女被这条河流阻隔。

四、陈子昂登上这个地方发出"前不见古人，后不见来者"的悲叹。

五、祖冲之首次精算到小数第七位。

六、贾岛"一吟双泪流"的上一句。

七、传说中主管婚姻的神。

1. 比喻想要隐瞒掩饰，结果反而暴露。

2. "苦心人，天不负，卧薪尝胆，三千越甲可吞吴"形容的人物。

3. "中国佛教四大名山"之一，位于安徽省池州市境内，素有"东南第一山"之称。

4. "向阳花木易为春"的上一句。

5. 鲁迅原名。

6. 汉朝张骞开辟的一条通往西域的道路。

答案在217页。

脑筋急转弯

1

一场大雨,忙着栽种的农民纷纷躲避,却仍有一人不走,为什么?

答案在218页。

2

蝎子和螃蟹玩猜拳,为什么它们玩了两天,还是分不出胜负呢?

答案在219页。

3

有一头牛头朝北,它原地向右转三圈,然后向后转三圈,之后再向右转三圈,这时候它的尾巴朝哪?

答案在220页。

4

制造日期与有效日期是同一天的产品是什么？

答案在221页。

5

什么东西越生气,它便越大?

答案在 222 页。

6

有个人过独木桥,前面来了一只老虎,后面来了一只熊,这个人是怎样过去的?

答案在223页。

7

孔子与孟子有什么区别?

答案在224页。

8

哥伦布一只脚迈上新大陆后,紧接着会做什么?

答案在225页。

9

鸡蛋壳有什么用处?

答案在 226 页。

10

一个人空肚子最多能吃几个鸡蛋?

答案在227页。

11

早晨醒来,每个人都要做的第一件事是什么?

答案在228页。

12

老王一天要刮四五十次脸,脸上却仍然有胡子。这是为什么?

答案在229页。

13

山坡上有一群羊,又来了一群羊。请问一共有几群羊?

答案在230页。

14

猫见了老鼠为什么拔腿就跑?

答案在231页。

15

一个小孩子和一个大人在漆黑的夜晚走路,小孩子是大人的儿子,大人却不是小孩子的父亲,请问这是为什么?

答案在232页。

16

如何用最快的速度把冰变成水?

答案在233页。

17

楚楚的生日在三月三日,请问是哪年的三月三日?

答案在 234 页。

18

右手永远抓不到什么?

答案在235页。

19

中国人最早的姓氏是什么?

答案在 236 页。

20

请问狐狸为什么容易摔跤呢?

答案在237页。

21

大雁为什么要飞到南方过冬？

答案在238页。

22

小明测验时所有的题目都答对,但他还是没有得到满分,为什么?

答案在239页。

23

有一个字,人人见了都会念错。这是什么字?

答案在240页。

24

什么东西有五个头,人们却不觉得奇怪呢?

答案在241页。

25

蝴蝶、蚂蚁、蜘蛛、蜈蚣一起工作,最后哪一个没有领到酬劳?

答案在 242 页。

26

金、木、水、火、土，谁的腿长？

答案在 243 页。

27

一颗心值多少钱?

答案在244页。

28

哪一颗牙最后长出来?

答案在 245 页。

29

什么人敢在皇帝头上胡作非为?

答案在 246 页。

答案

1. 书童借物

解答:
茶。

猜谜游戏　　　　　　　　题目在 2 页。

2. 猜诗谜

解答:
风筝。

猜谜游戏　　　　　　　　题目在3页。

3. 猜十个字

解答:
一、二、三、四、五、六、七、八、九、十。

猜谜游戏

题目在4页。

4. 七言唐诗

解答:

一行白鹭上青天。

猜谜游戏　　　　　　题目在 5 页。

5. 竹苞

解答:
把"竹苞"二字拆开就是"个个草包"。

猜谜游戏　　　　　　　　题目在6页。

6. 以谜猜谜

解答:
日。

猜谜游戏 题目在 7 页。

7. 出联破谜

解答:

油灯、秤杆。

猜谜游戏　　　　　　　题目在8页。

8. 被子

解答：
被子太短。

猜谜游戏　　　　　　题目在9页。

9. 书童

解答:

"用"字。

猜谜游戏　　　　　　题目在10页。

10. 选徒

解答:

"晶"字。

猜谜游戏　　　　　　题目在 11 页。

11. 唐伯虎赠画

解答:

"伏"字。

猜谜游戏 题目在12页。

12. 梁山伯问路

解答:

原来,老伯设了个谜语让梁山伯猜。老人绕到石头后面,伸出头来,意思是"石头"的"石"字再"出头",谜底是"右"字。所以梁山伯选择了右边的那条路。

猜谜游戏　　　　　　　题目在13页。

13. 妙对字谜

解答:

"鲜"字。

猜谜游戏　　　　　　　　　　　题目在 14 页。

14. 隐字对联

解答:

这副对联的玄妙在于隐藏了真正含义。上联没"八",忘了"八",也就是"王八";下联少了"耻",也就是"无耻"。

猜谜游戏　　　　　　　　题目在15页。

15. 吕蒙正妙联

解答：

对联妙在它的"联外之意"：上联缺"一"，下联少"十"，正是"缺衣少食"的谐音；横批"南北"，意味着"没有东西"。吕蒙正以独特的修辞手法写出了穷人的生存窘相。

猜谜游戏　　　　　　　　　　题目在16页。

16. 求婚

解答:

"福"字。初不要刀,取衣旁;大不要人,取一横;中不要"心",取口旁;最后一句是"思"去掉心,合起来就是"福"字。

猜谜游戏 题目在 17 页。

17. 曾巩猜字谜

解答：

"花"字。"头上草帽戴"是指草字头，"帽下有人在"是指单人旁，"短刀握在手"是指匕首的"匕"字，合起来就是"花"字。

猜谜游戏　　　　　　　　　　题目在18页。

18. 才子解谜

解答:

"口"字。

猜谜游戏 题目在 19 页。

19. 灯谜

解答:

缝衣针。

猜谜游戏　　　　　　　　题目在 20 页。

20. 秀才借驴

解答:

"正月初二,初三,初四,初五……三十"的意思是"正月没初一",即为"肯"字。

猜谜游戏　　　　　　　　　　题目在21页。

21. 蒲松龄教徒

解答：

"高山响鼓，声闻百里"实指"不通"，"八窍已通七窍"实指"一窍不通"。

猜谜游戏　　　　　　　　　　　题目在22页。

22. 老农智难唐伯虎

解答：

"重泥"隐"仲尼(孔子)"，子路是孔子的学生。老农以老师自居，既讨了便宜，又难住了唐伯虎。

猜谜游戏　　　　　　　　题目在 23 页。

23.县令拍马屁

解答:

一个兄弟是卖烧饼的,烧饼要一个一个数给顾客,故说"数一道二";一个兄弟是做爆竹的,放起炮来"惊天动地";还有一个兄弟是屠夫,古代杀猪不用衙门核准,所以叫"先斩后奏"。

24. 猜《红楼梦》中一人物

解答:

晴雯。

猜谜游戏 题目在25页。

25. 打一节日用品

解答:

爆竹。

猜谜游戏 题目在26页。

26.打一生活用品

解答：
伞。(诗中"语"谐"雨"，"情"谐"晴")

猜谜游戏　　　　　　　题目在27页。

27. 猜一三国人物

解答：

关羽。

"美"中笔画不足，即"关"字；"月"字和其影子残缺，即"羽"字。

猜谜游戏 题目在28页。

28. 猜一古代少数民族

解答:

匈奴。

猜谜游戏

题目在29页。

29. 猜一唐代人物

解答：

武则天。

猜谜游戏　　　　　　　　题目在30页。

30. 猜一古代人物

解答:
成吉思汗。

猜谜游戏　　　　　　　　题目在31页。

1. 谁是凶手

解答:

船夫。按照正常思维,雇主没来,船夫拍门的时候应该喊"王老板",他却喊着"王夫人",说明他知道王老板不在家中。船夫假装好意报信,却聪明反被聪明误,露出了马脚。

古代推理　　　　　　　　题目在34页。

2. 张升断案

解答：

井中光线太暗，邻居们都无法辨认，唯有女子看一眼就确定了。唯一的可能就是她早已知道井中的是自己的丈夫。

古代推理　　　　　　　　　题目在35页。

3. 知府巧断案

解答：

知府说："你的钱袋里有20两银子，但这个钱袋里只有10两银子，所以这个钱袋不是你丢失的那个。"

古代推理　　　　　　　　　题目在36页。

4. 神探狄仁杰

解答：

抓的是富翁。第一，他在家丁未说明的情况下就断定夫人是自尽；第二，他断言夫人是在他出门后一个时辰也就是下午三点自尽，而房间里踢翻的香炉显示夫人是下午三点之前就已经死亡，这段时间富翁正和狄公交谈，他不可能知道夫人死亡的具体时间。

古代推理　　　　　　　　题目在37页。

5. 宋慈断案

解答:

按照常理,如果活人被火烧时,必定会大声喊叫,那么,口、鼻、咽喉部位必定吸入烟尘。而这具尸体的上述部位并没有一点烟尘。另外,如果活人被火烧,一定会往门口跑,倒下时应该头部朝着门的方向,但这具尸体却是头朝里、脚朝外,不符合常理。这一切都说明死者是被凶手焚尸灭迹。

古代推理　　　　　　　　　　题目在38页。

6. 数字游戏题

解答:

丙。

甲:只有一解,54×3=162。

乙:有两解,57×6=342,52×7=364。

丙:无解。

丁:有两解,94×7=658,84×9=756。

古代推理　　　　　　　　题目在39页。

7. 卖身契

解答:

"邱"字在清雍正初年之前,只作地名。到雍正初年,因避孔子(名丘)之讳,才加"阝"而成"邱"。卖身契写于康熙五十九年,那时"丘"还没有写作"邱"。另外,康熙五十九年时,邱以诚刚刚10岁,一个市井幼童,不可能写出行文端正的卖身契。

古代推理　　　　　　　　题目在40页。

8. 偷吃青菜的牛

解答：

黄牛爱吃尿水，而水牛却爱吃干净的东西，所以黄牛闻过的青菜留有臊臭味儿，水牛是不吃的。那天，县令走到粪坑旁，就联想到水牛不愿意吃满嘴臊臭的黄牛闻过的东西。因此，他认为偷吃青菜的可能是那头水牛。晚上派人去抓，果然如此。

古代推理　　　　　　　　　题目在41页。

9. 偷鸡贼

解答:

B。

偷鸡贼听到县令说这句话时,一时心虚,便露出了马脚。

古代推理　　　　　　　　题目在42页。

10. 李卫断地契

解答:

B。

"清圣祖"是康熙死后的庙号,"圣祖五十三年"康熙还活着,不可能用庙号,所以地契是伪造的。

古代推理　　　　　　　　题目在43页。

11. 老鼠屎

解答：

A。

老鼠屎外湿里干说明是刚放进去的，因为如果一直就有，那么老鼠屎就会里外都是湿的。所以是老太监刚放进去的。

古代推理　　　　　　　　　题目在44页。

12. 伽蓝庙案

解答:

案发现场遗落有墨斗,可以初步判断凶手是木匠,而吴良既是木匠,又有六根手指头,和菩萨背后的六指血手印相符合。所以可以断定吴良为凶手。

古代推理 题目在45页。

13. 床下的小偷

解答:

花轿里的新娘是另一名女子假扮的。小偷根本不认识新娘,却煞有其事地质问假新娘。

古代推理　　　　　　　　　题目在 46 页。

14. 农夫杀牛案

解答:

牛的舌头被割掉后无法吃草,迟早会饿死,知府大人索性授权农夫杀掉耕牛。知府大人分析,割掉牛舌头的人肯定与农夫有较大矛盾,发现农夫私宰耕牛,一定会来检举。果然没过多久,就有人来检举农夫私宰耕牛。一经审问,割掉牛舌头的正是此人。

古代推理　　　　　　　　题目在47页。

15. 太子的棺椁

解答:

狄公将太子与太子妃的棺椁同时推入水中,如果两副棺椁下沉的程度差不多,说明太子的棺椁里只有尸体。若太子的棺椁下沉严重,则说明里面塞入了别的东西。

16. 生死券

解答：

那大臣摸出一张纸券后，立即吞入腹中。这样，要判断他刚才摸到的是什么字，只有开箱查验。当皇帝看到剩下的纸券上写的是"死"字，便判定大臣刚才吞下的是"生"字，于是大臣免于一死。

古代推理　　　　　　　　题目在49页。

17. 赛马

解答:

只要兄弟三人换马骑,老大骑老二的马,老二骑老三的马,老三骑老大的马。三人骑的都不是自己的马,为了使自己的马跑得最慢,都希望别人的马跑得快,三匹马就飞奔起来,很快就决出分晓来。

古代推理　　　　　　　　　　题目在50页。

18. 花魁

解答:

唐伯虎说"百无一是",暗示着"百"字无"一",即指"白"字;祝枝山说"自无一是",暗示着"自"字无"一",也是"白"字。所以唐伯虎选的花魁是白牡丹。

19. 三国迷

解答:
貂蝉、乔国老、徐母(徐庶的母亲)。

古代推理　　　　　　　　题目在52页。

20. 佛印解谜

解答:

"风月无边"。

"风"字无边为"乂","月"字无边为"二"。

古代推理　　　　　　　　题目在53页。

1. 及时梨果

白话文：用999文钱买了梨和果共1000个，11文钱能买9个梨，4文钱能买7个果。问买梨、果各几个，各付多少钱？

解答：

梨的单价：11÷9 = 11/9（文）

果的单价：4÷7 = 4/7（文）

果的个数：(11/9×1000 - 999)÷(11/9 - 4/7) = 343（个）

梨的个数：1000 - 343 = 657（个）

梨的总价：11/9×657 = 803（文）

果的总价：4/7×343 = 196（文）

古代数学题　　　　　　　　　题目在56页。

2. 两鼠穿墙

白话文：有一面土墙厚5尺，两只老鼠从两面往中间打洞，大老鼠第一天挖1尺，后面每天增加一倍；小老鼠第一天也挖1尺，后面每天减少一半，问两只老鼠什么时候相遇？

解答：

第一天的时候，大老鼠挖了1尺，小老鼠也挖了1尺，一共2尺，还剩3尺；

第二天的时候，大老鼠挖了2尺，小老鼠挖了1/2尺，这一天一共挖了2.5尺，两天一共挖了4.5尺，还剩0.5尺。

第三天按道理来说大老鼠挖4尺，小老鼠挖1/4尺，可是现在只剩0.5尺没有打通了，所以在第三天肯定可以打通。

古代数学题　　　　　　　　　题目在57页。

3. 运米

解答:

装满米的车行每千米需要 1÷25 = 1/25（日），

不装米的空车行每千米需要 1÷35 = 1/35（日），

往返各行 1 千米则需要 1/25+1/35 = 12/175（日），

已知，5 日往返 3 次，则往返一次需要 5÷3 = 5/3（日），

可得两地相距 (5/3) ÷ (12/175) = 875/36 （千米）。

古代数学题　　　　　　　题目在58页。

4. 日影长短

解答:

由题知各节气日影长成等差数列，设数列 $\{a_n\}$ 的首项为 a_1，公差为 d，则 $a_n=a_1+(n-1)d$，

S_n 是其前 n 项和，则 $S_9=\dfrac{9(a_1+a_9)}{2}=9a_5=85.5$ (尺)，

所以 $a_5=9.5$ (尺)，由题知 $a_1+a_4+a_7=3a_4=31.5$ (尺)，

所以 $a_4=10.5$ (尺)，所以公差 $d=a_5-a_4=-1$，

所以 $a_{12}=a_5+7d=2.5$ (尺)。

古代数学题　　　　　　　　题目在 59 页。

5. 七层塔

白话文:

远望这座七层宝塔,从塔尖往下,灯的数量加倍增加,一共有381盏灯,问每一层分别有几盏灯。

解答:

设塔尖 x 盏灯,则

$x+2x+4x+8x+16x+32x+64x=381$

$127x=381$

$x=3$(盏)

所以,第7层3盏灯、第6层6盏灯、第5层12盏灯、第4层24盏灯、第3层48盏灯、第2层96盏灯、第1层192盏灯。

古代数学题　　　　　　　　题目在60页。

6. 行程

白话文：

有人走378里路，第一天健步行走，从第二天开始，由于脚疼，每天走的路程为前一天的一半，走了6天到达边关。问此人每天走多少里路？

解答：

假设第六天走了 x 里路，根据前六天的路程之和为378里，可得

$x+2x+4x+8x+16x+32x=378$，

解得 $x=6$

所以此人第一天走了192里，第二天走了96里，第三天走了48里，第四天走了24里，第五天走了12里，第六天走了6里。

古代数学题　　　　　　　　　　题目在61页。

7. 青苗案

解答：

设羊户赔粮 a_1 升，马户赔粮 a_2 升，牛户赔粮 a_3 升，

且 a_1, a_2, a_3 成等比数列，公比 $q=2$，又 $a_1+a_2+a_3=50$，

则 $a_1(1+q+q^2)=50$（升），

故 $a_1=50/(1+2+2^2)=50/7$（升），

$a_2=2a_1=100/7$（升），

$a_3=2^2a_1=200/7$（升）。

古代数学题　　　　　　　　题目在62页。

8. 蒲莞之争

解答：

到第2天末，蒲长为3+1.5=4.5（尺），莞长为1+2=3（尺），4.5>3，不足4.5−3=1.5（尺）；

到第3天末，蒲长为4.5+0.75=5.25（尺），莞长为3+4=7（尺），5.25<7，有余7−5.25=1.75（尺）。

于是知道是在第三天初到第三天末之间生长到同一长度的，这期间它们生长速度分别为0.75尺/天，4尺/天。

于是用它们长度的差除以速度的差得到追齐的时间：

1.5/（4−0.75）=6/13（天） 或 1.75/（4−0.75）=7/13（天）

于是所用总时间为2+6/13天。

古代数学题　　　　　　　　　　题目在63页。

9. 金鞭

白话文：

现有一根金鞭，长五尺，一头粗，一头细，在粗的一端截下一尺，重四斤；在细的一端截下一尺，重两斤。问依次每一尺各重多少斤？

解答：

设第 n 节的重量为 a_n，公差为 d，

由题意可知 $a_1=4$，$a_5=2$，

则 $d=(a_5-a_1)/(5-1)=-0.5$，

所以，$a_2=a_1+d=4+(-0.5)=3.5$（斤），

$a_3=a_2+d=3$（斤），

$a_4=a_5-d=2-(-0.5)=2.5$（斤）。

古代数学题　　　　　　　　　　题目在64页。

10. 良马

解答:
设第 n 日行驶路程为 a_n,
由题意可知 $a_1=193$, $d=13$,
故根据等差数列前 n 项和公式 $S_n=na_1+n(n-1)/2 \times d$ 得

$S_{15}=15 \times 193+15 \times 14/2 \times 13=4260$（里）。

古代数学题　　　　　题目在 65 页。

11. 织女

解答:

设第 n 日织的布为 a_n,S_n 为前 n 日总织布数,公差为 d。

由题意可知 $a_1=5$(尺),$S_{30}=390$(尺),

根据等差数列前 n 项和公式列方程:

$390=30\times 5+30\times 29/2 \times d$,

解得 $d=16/29$(尺)。

古代数学题　　　　　　　　题目在66页。

12. 九埂

解答:

木八十一枝,七百二十九巢,六千五百六十一禽,五万九千零四十九雏,五十三万一千四百四十一毛,四百七十八万二千九百六十九色。

古代数学题　　　　　　题目在67页。

13. 出银不等

白话文：

每户应交税银1斤8两12铢，若考虑贫富差别，家最贫者交8两，户别等差为3两，则户数为多少？

解答：

等差数列 $\{a_n\}$ 中，首项 $a_1=8$，公差 $d=3$。1斤8两12铢 $=24.5$ 两。设户数为 n，则第 n 户所交税银为 $a_n=2\times 24.5-8=41$（两），所以 $41=8+3(n-1)$，$n=12$（两）。

古代数学题　　　　　　　　题目在68页。

14. 和尚吃馒头

解答:

100个和尚吃100个馒头,平均每人吃1个馒头。而1个大和尚、3个小和尚4个人一共吃4个馒头,恰好平均每人吃1个馒头,按照这种组合方式,大、小和尚应该有100÷4 = 25(组)。每组1个大和尚,所以大和尚有25人;每组3个小和尚,所以小和尚有3×25 = 75(人),或者100 - 25 = 75(人)。

古代数学题　　　　　　　　题目在69页。

15. 洗碗

解答：

由题目的条件可知客人的人数应该是1、2、3的公倍数，因为[1，2，3] = 6，所以客人的人数为6的倍数。又因为6个人只用6只饭碗、3只菜碗、2只汤碗，即只用11只碗，而客人共用66只碗，是11只碗的6倍，所以人数也是6人的6倍，即共有36位客人。

古代数学题　　　　　　　　　题目在70页。

16. 数羊

解答:

(100−1) / (1+1+1/2+1/4) =36（只）。

古代数学题　　　　　　题目在71页。

17. 买鸡

解答：

100元买100只鸡，所以平均每只一元。这样每1只公鸡和6只小鸡组成一种组合（甲组合），实现7只鸡7元；每1只母鸡和3只小鸡组成另一种组合（乙组合），实现4只鸡4元。然后用100除以7，当商分别为4、8和12时，对应的余数分别为72、44和16。这些余数分别是4的18倍、11倍和4倍。所以4个甲组合和18个乙组合可以满足题意，同理8个甲组合和11个乙组合、12个甲组合和4个乙组合也满足题意。这样就可以得出4只公鸡、18只母鸡和78只小鸡是一种答案；8只公鸡、11只母鸡和81只小鸡是一种答案；12只公鸡、4只母鸡和84只小鸡是一种答案。

古代数学题　　　　　　　　题目在72页。

18. 韩信点兵

解答:

由题意可知列成五列纵队(每行五人)最后一行少3人,列成七列纵队(每行七人)最后一行少3人,

所以总人数应该是5和7的公倍数少3人,先求出5和7的最小公倍数是5×7=35,且这队士兵约在三百到四百人之间,

这之间的公倍数为312、347、382,

同理,又因为成三列纵队(每行三人)最后一行多2人,所以总人数应该是3的倍数多2人,最终符合题意的是347。

古代数学题　　　　　　　　题目在73页。

19. 鸡兔同笼

解答:

假设全是兔子,则有脚 35×4=140(只),

比实际多 140-94=46(只),

所以可得雉的只数为 46÷(4-2)=23(只),

兔的只数为 35-23=12(只)。

古代数学题　　　　　　　　题目在 74 页。

20. 三阶幻方

解答：

6	1	8
7	5	3
2	9	4

古代数学题　　　　　题目在75页。

21. 方环田

解答：

大正方形的周长是56步，所以大正方形的边长是56÷4 = 14（步）。

大正方形的面积是14×14 = 196（平方步）。

小正方形的周长是24步，所以小正方形的边长是24÷4 = 6（步）。

小正方形的面积是：6×6 = 36（平方步）。

大正方形的面积减去小正方形的面积，就是环形田的面积：196 - 36 = 160（平方步）。

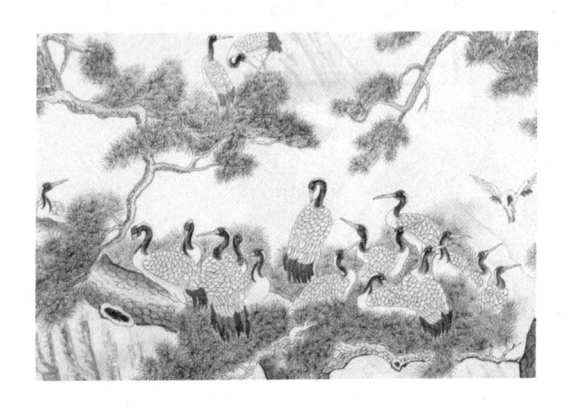

古代数学题　　　　　　　　　题目在76页。

22. 持米出关

解答：

经过内关之前的米是 5÷（1−1/7）

=35/6（斗）。

过中关之前的米是 35/6÷（1−1/5）

=175/24（斗）。

则这些米正好是全部米的 1−1/3=2/3，

全部的米是 175/24÷2/3=175/16（斗），

这个人原来背 175/16 斗米出关。

古代数学题　　　　　　　　题目在 77 页。

23. 持金出关

解答:

按照税率,以黄金纳税的话,此人应缴纳的金子数量是 12×1/10=1.2(斤),

他缴了2斤,比规定的多缴了 2－1.2 = 0.8(斤),

由海关退还5000文钱,可知0.8斤金子价值5000文。

所以,一斤金子的价值就是 5000÷0.8 = 6250(文)。

古代数学题　　　　　　　　题目在78页。

24. 买牛

解答：

每七家共出一百九十，不足三百三十，

也就是每家出七分之一百九十，还缺三百三十，

每九家共出二百七十，盈三十，

也就是每家出三十，多出三十，

设家数为 x

列方程 $(190/7)x + 330 = 30x - 30$

解得 $x = 126$

$30x - 30 = 3750$

得家数 126，牛价 3750。

古代数学题　　　　　　　　题目在 79 页。

25. 相遇问题

解答：

设长安至齐的距离为1，甲的速度为1/5，乙的速度为1/7，因为乙先出发2天，所以 (1−2/7) / (1/5+1/7) =25/12（天），也就是说，还要再经过25/12天两人相遇。

古代数学题　　　　　　　　题目在80页。

26.分钱

解答：

设甲分得x文,则乙分得$3x/5$文,丙分得$(3x/5-1800)$文,根据题意可知$x+3x/5+(3x/5-1800)=71900$（文）。

解得甲为$x=33500$（文），乙为$33500×0.6=20100$（文），丙为$20100-1800=18300$（文）。

古代数学题　　　　　　　　题目在81页。

27. 李白买酒

解答:

设原酒壶中有酒 x 斗,则由题意可知

$2[2(2x-1)-1]-1=0$,

解得 $x=7/8$(斗),即李白的酒壶中原有酒 7/8 斗。

古代数学题　　　　　　　　　题目在82页。

28. 哑人买肉

解答：

设一两肉 x 文，则

$16x-40=9x+16$，

$7x=56$，

$x=8$。

所带钱为 $9x+16=88$（文），$88÷8=11$（两），

所以一共可以买 11 两肉。

古代数学题　　　　　　题目在 83 页。

29. 面积

解答:

设长 x 步,则 $x\times(60-x)=864$,$x=36$(步),阔为 $60-36=24$(步)。

古代数学题

题目在 84 页。

30. 遗产

解答：

先向邻居借来一头牛，这样一共就有18头牛。所以大儿子分得9头牛，二儿子分得6头牛，三儿子分得2头牛，剩下一头还给邻居。

古代数学题　　　　　　　　题目在85页。

1

解答:

				不	由	自	主	
			名				人	参
	恋	恋	不	舍		殿	下	
			虚				马	超
	榖	梁	传		虬	髯	客	
		山					在	
	门	泊	东	吴	万	里	船	
陛	下			用		长		
	省	亲						

填字游戏   题目在88页。

2

解答:

返	璞	归	真		徐	娘	半	老
		去						谋
空	穴	来	风		麦	野	青	深
		兮		炎		径		算
	朝	辞	白	帝	彩	云	间	
反			日			俱		春
唇	齿	相	依			黑	旋	风
相			山		珠			徐
讥		不	尽	长	江	滚	滚	来

填字游戏　　　　　　　　题目在 90 页。

3

解答:

	读	书	破	万	卷		鹿	
		到					鼎	
别	有	用	心		石	头	记	
		时			破			老
千	金	方			天			死
山		恨	别	鸟	惊	心		不
鸟		少		语			丞	相
飞	天			花				往
绝		梅	花	香	自	苦	寒	来

填字游戏　　　　　　　　题目在92页。

4

解答:

		孔		受	宠	若	惊
跳	房	子					涛
梁			胡	笳	十	八	拍
小	题	大	作		三		岸
丑			非		陵		
	指	鹿	为	马			
	点			谡		岳	飞
乌	江						阳
	山	雨	欲	来	风	满	楼

填字游戏   题目在94页。

5

解答:

		三						谣
	道	教		辽	沈	战	役	
		九			万			
	飞	流	直	下	三	千	尺	
	蛾						有	
	扑	朔	迷	离			所	
烽	火		途		缺	斤	短	两
			知					税
	复	得	返	自	然			法

填字游戏　　　　　　　　题目在96页。

6

解答：

				蒲	苇	韧	如	丝
此		九						绸
地		华		近				之
无		山	重	水	复	疑	无	路
银	河		楼					
三		幽	州	台				
百			先		圆	周	率	
两	句	三	年	得		树		
	践		月	下	老	人		

填字游戏   题目在98页。

1

解答:
稻草人。

脑筋急转弯 题目在102页。

2

解答:
两个都出剪刀。

脑筋急转弯 题目在103页。

3

解答：
朝地。

4

解答:
报纸。

脑筋急转弯　　　　　　题目在 105 页。

5

解答：
脾气。

脑筋急转弯　　　　　　题目在106页。

6

解答：
晕过去。

脑筋急转弯　　　　　　题目在107页。

7

解答:
孔子的"子"在左边,孟子的"子"在上面。

脑筋急转弯 题目在108页。

8

解答:
迈上另一只脚。

9

解答:
用来包蛋清和蛋黄。

脑筋急转弯 题目在110页。

10

解答：
一个。因为吃了一个后就不是空肚子了。

脑筋急转弯　　　　　　题目在111页。

11

解答:
睁开眼睛。

12

解答:
老王是个理发师。

脑筋急转弯　　　　题目在113页。

13

解答:
一群羊。

14

解答:

跑去捉老鼠。

脑筋急转弯　　　　　　　　题目在 115 页。

15

解答：
因为他们是母子关系。

脑筋急转弯　　　　　　题目在 116 页。

16

解答：

把"冰"字去掉两点，就成了"水"。

脑筋急转弯　　　　　　　题目在117页。

17

解答:
每年的三月三日。

脑筋急转弯 题目在118页。

18

解答:
右手。

脑筋急转弯　　　　　　　题目在119页。

19

解答:
善。因为"人之初,性本善。"

脑筋急转弯　　　　　　　题目在120页。

20

解答:

因为狐狸狡(脚)猾(滑)。

脑筋急转弯　　　　　　题目在121页。

21

解答:
大雁走不到南方,所以用飞。

脑筋急转弯 题目在122页。

22

解答:
答的是判断题。

脑筋急转弯　　　　题目在 123 页。

23

解答：
这是"错"字。

脑筋急转弯　　　　　　　题目在124页。

24

解答：
手和脚。

脑筋急转弯　　　　　　　题目在125页。

25

解答:
蜈蚣,因为"无功不受禄"。

脑筋急转弯 题目在126页。

26

解答:
火腿肠(长)。

脑筋急转弯 题目在127页。

27

解答:

一亿。一心一意(亿)。

脑筋急转弯 题目在 128 页。

28

解答:
假牙。

脑筋急转弯　　　　　　　　题目在129页。

29

解答:
理发师。

脑筋急转弯　　　　　　　　　题目在130页。